"All I Wanna Do is Enjoy Fall, Eat Pumpkin Pie, Drink Hot Cocoa & Watch Movies All Day Long."

All I Wanna Do is Enjoy Fall, Eat Pumpkin Pie, Drink Hot Cocoa & Watch Movie All Day Long.

"All I Wanna Do is Enjoy Fall, Eat Pumpkin Pie, Drink Hot Cocoa & Watch Movies All Day Long."

"All I Wanna Do is Enjoy Fall, Eat Pumpkin Pie, Drink Hot Cocoa & Watch Movie All Day Long."

"All I Wanna Do is Enjoy Fall, Eat Pumpkin Pie, Drink Hot Cocoa & Watch Movies All Day Long."

"All I Wanna Do is Enjoy Fall, Eat Pumpkin Pie, Drink Hot Cocoa & Watch Movies All Day Long."

"All I Wanna Do is Enjoy Fall, Eat Pumpkin Pie, Drink Hot Cocoa & Watch Movies All Day Long."

"All I Wanna Do is Enjoy Fall, Eat Pumpkin Pie, Drink Hot Cocoa & Watch Movies All Day Long."

"All I Wanna Do is Enjoy Fall, Eat Pumpkin Pie, Drink Hot Cocoa & Watch Movies All Day Long."

"All I Wanna Do is Enjoy Fall, Eat Pumpkin Pie, Drink Hot Cocoa & Watch Movies All Day Long."

"All I Wanna Do is Enjoy Fall, Eat Pumpkin Pie, Drink Hot Cocoa & Watch Movies All Day Long."

"All I Wanna Do is Enjoy Fall, Eat Pumpkin Pie, Drink Hot Cocoa & Watch Movie All Day Long."

"All I Wanna Do is Enjoy Fall, Eat Pumpkin Pie, Drink Hot Cocoa & Watch Movie All Day Long."

"All I Wanna Do is Enjoy Fall, Eat Pumpkin Pie, Drink Hot Cocoa & Watch Movies All Day Long."

"All I Wanna Do is Enjoy Fall, Eat Pumpkin Pie, Drink Hot Cocoa & Watch Movies All Day Long."

"All I Wanna Do is Enjoy Fall, Eat Pumpkin Pie, Drink Hot Cocoa & Watch Movies All Day Long."

"All I Wanna Do is Enjoy Fall, Eat Pumpkin Pie, Drink Hot Cocoa & Watch Movie All Day Long."

"All I Wanna Do is Enjoy Fall, Eat Pumpkin Pie, Drink Hot Cocoa & Watch Movies All Day Long."

"All I Wanna Do is Enjoy Fall, Eat Pumpkin Pie, Drink Hot Cocoa & Watch Movies All Day Long."

"All I Wanna Do is Enjoy Fall, Eat Pumpkin Pie, Drink Hot Cocoa & Watch Movies All Day Long."

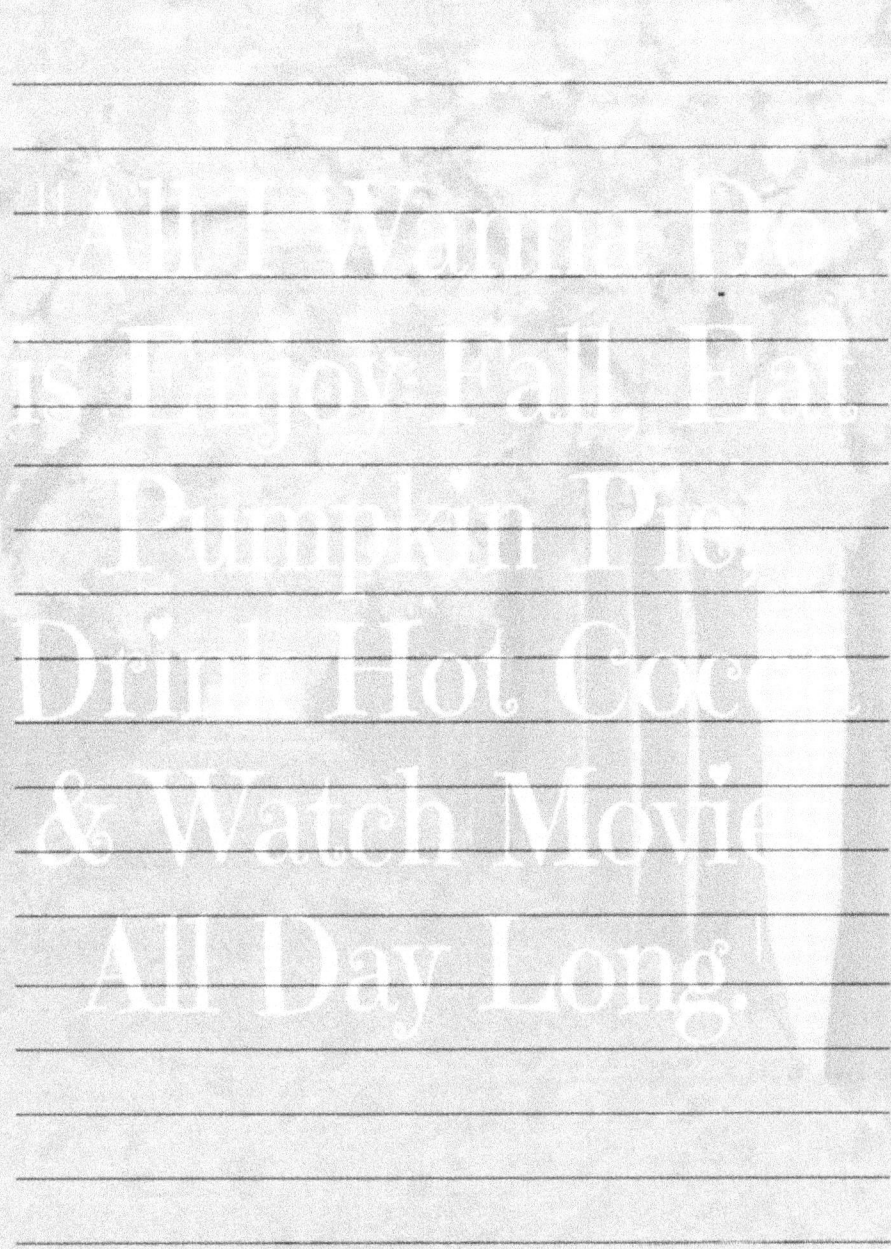

"All I Wanna Do is Enjoy Fall, Eat Pumpkin Pie, Drink Hot Cocoa & Watch Movie All Day Long."

"All I Wanna Do is Enjoy Fall, Eat Pumpkin Pie, Drink Hot Cocoa & Watch Movie All Day Long."

"All I Wanna Do is Enjoy Fall, Eat Pumpkin Pie, Drink Hot Cocoa & Watch Movies All Day Long."

"All I Wanna Do is Enjoy Fall, Eat Pumpkin Pie, Drink Hot Cocoa & Watch Movies All Day Long."

"All I Wanna Do is Enjoy Fall, Eat Pumpkin Pie, Drink Hot Cocoa & Watch Movies All Day Long."

"All I Wanna Do is Enjoy Fall, Eat Pumpkin Pie, Drink Hot Cocoa & Watch Movies All Day Long."

"All I Wanna Do is Enjoy Fall, Eat Pumpkin Pie, Drink Hot Cocoa & Watch Movie All Day Long."

"All I Wanna Do is Enjoy Fall, Eat Pumpkin Pie, Drink Hot Cocoa & Watch Movies All Day Long."

"All I Wanna Do is Enjoy Fall, Eat Pumpkin Pie, Drink Hot Cocoa & Watch Movies All Day Long."

"All I Wanna Do is Enjoy Fall, Eat Pumpkin Pie, Drink Hot Cocoa & Watch Movie All Day Long."

"All I Wanna Do is Enjoy Fall, Eat Pumpkin Pie, Drink Hot Cocoa & Watch Movie All Day Long."

"All I Wanna Do is Enjoy Fall, Eat Pumpkin Pie, Drink Hot Cocoa, & Watch Movies All Day Long."

"All I Wanna Do is Enjoy Fall, Eat Pumpkin Pie, Drink Hot Cocoa & Watch Movies All Day Long."

"All I Wanna Do is Enjoy Fall, Eat Pumpkin Pie, Drink Hot Cocoa & Watch Movies All Day Long."

"All I Wanna Do is Enjoy Fall, Eat Pumpkin Pie, Drink Hot Cocoa & Watch Movies All Day Long."

"All I Wanna Do is Enjoy Fall, Eat Pumpkin Pie, Drink Hot Cocoa, & Watch Movies All Day Long."

"All I Wanna Do is Enjoy Fall, Eat Pumpkin Pie, Drink Hot Cocoa & Watch Movies All Day Long."

"All I Wanna Do is Enjoy Fall, Eat Pumpkin Pie, Drink Hot Cocoa & Watch Movie All Day Long."

"All I Wanna Do is Enjoy Fall, Eat Pumpkin Pie, Drink Hot Cocoa & Watch Movie All Day Long."

"All I Wanna Do is Enjoy Fall. Eat Pumpkin Pie, Drink Hot Cocoa & Watch Movie All Day Long."

"All I Wanna Do is Enjoy Fall, Eat Pumpkin Pie, Drink Hot Cocoa & Watch Movies All Day Long."

"All I Wanna Do is Enjoy Fall, Eat Pumpkin Pie, Drink Hot Cocoa & Watch Movies All Day Long."

"All I Wanna Do is Enjoy Fall, Eat Pumpkin Pie, Drink Hot Cocoa & Watch Movie All Day Long."

"All I Wanna Do is Enjoy Fall, Eat Pumpkin Pie, Drink Hot Cocoa & Watch Movie All Day Long."

"All I Wanna Do is Enjoy Fall, Eat Pumpkin Pie, Drink Hot Cocoa & Watch Movies All Day Long."

"All I Wanna Do is Enjoy Fall, Eat Pumpkin Pie, Drink Hot Cocoa & Watch Movies All Day Long."

All I Wanna Do is Enjoy Fall, Eat Pumpkin Pie, Drink Hot Cocoa & Watch Movie All Day Long.

"All I Wanna Do is Enjoy Fall, Eat Pumpkin Pie, Drink Hot Cocoa, & Watch Movie All Day Long."

"All I Wanna Do is Enjoy Fall, Eat Pumpkin Pie, Drink Hot Cocoa & Watch Movies All Day Long."

"All I Wanna Do is Enjoy Fall, Eat Pumpkin Pie, Drink Hot Cocoa & Watch Movie All Day Long."

"All I Wanna Do is Enjoy Fall, Eat Pumpkin Pie, Drink Hot Cocoa & Watch Movie All Day Long."

"All I Wanna Do is Enjoy Fall, Eat Pumpkin Pie, Drink Hot Cocoa & Watch Movies All Day Long."

"All I Wanna Do is Enjoy Fall, Eat Pumpkin Pie, Drink Hot Cocoa & Watch Movies All Day Long."

"All I Wanna Do is Enjoy Fall, Eat Pumpkin Pie, Drink Hot Cocoa & Watch Movies All Day Long."

"All I Wanna Do is Enjoy Fall, Eat Pumpkin Pie, Drink Hot Cocoa & Watch Movies All Day Long."

"All I Wanna Do is Enjoy Fall, Eat Pumpkin Pie, Drink Hot Cocoa, & Watch Movie All Day Long."

"All I Wanna Do is Enjoy Fall, Eat Pumpkin Pie, Drink Hot Cocoa & Watch Movies All Day Long."

"All I Wanna Do is Enjoy Fall, Eat Pumpkin Pie, Drink Hot Cocoa & Watch Movies All Day Long."

www.ingramcontent.com/pod-product-compliance
Ingram Content Group UK Ltd.
Pitfield, Milton Keynes, MK11 3LW, UK
UKHW022240230426
12048UKWH00018BA/1374